학술논문 서지기술 시리즈 V

ACS Style

- 주·후주목록 -

김 남 석 편저

계명대학교 출판부
2006

학술논문 서지기술 시리즈 V
ACS Style

인쇄 | 2006년 1월 20일
발행 | 2006년 1월 25일
편저자 | 김남석
펴낸이 | 이진우
펴낸곳 | 계명대학교출판부
704-701 대구시 달서구 신당동 1000번지
전화 053-580-6233 팩스 053-583-5213
등록 | 1970. 9. 1. (신고번호 제347-1998-1호)
ISBN 89-7585-349-7 93000
값 5,000원

서 문

ACS Style은 American Chemical Society(미국화학회)에서 과학분야의 연구자와 편집자, 출판사의 서지작성을 위해 *The ACS Style Guide*라는 제목으로 발간한 학술논문 작성을 위한 안내서이다. 본 자료의 원본이 된 *The ACS Style Guide: A Manual for Authors and Editors*, 2nd ed.; Dodd, J. S., Ed.; American Chemical Society: Washington, DC, 1997에는 인용 주와 참고문헌의 작성법을 비롯하여 일반적인 문법과 구두법, 삽도, 도표, 수식, 계량단위, 화학기호, 화학분야의 각종 관례, 심사, 저작권, 발표방법, 출판의 윤리지침, 교정기호, CASSI 약어표 등의 다양한 내용이 수록되어 있다.

본서는 *ACS Style Guide*의 2판을 원본으로 사용하고, 그 외 CORE Home Page (http:// iws.ohiolink.edu/chemistry/info/acs.html), University of California, Lehigh University, Thomson ISI ResearchSoft 등의 예문을 참조하여 한국어자료, 일본어자료, 영어자료의 인용 주와 후주목록의 작성에 적합하도록 사용형식을 도식으로 설명하였다.

내용의 구성은 ACS Style 중 우리나라 연구자들에게 주로 많이 적용될 수 있는 부분을 보다 상세한 부분까지 포함시켜 형식별로 각 자료에 대한 인용 주와 후주목록을 제시하여 연구자가 필요한 경우에 한 곳에서 주와 후주목록의 예를 일괄할 수 있게 하였다. 그러므로 ACS Style을 채택하고 있는 학회나 대학원에서 학술논문과 학위논문을 작성하는 연구자들에게는 유용한 자료가 될 것이다.

이 자료가 나오기까지는 여러분의 많은 도움이 있었다. 먼저 계명대학교 대학원의 논문형식의 일관성을 위해 필자가 주관하여 발행한 학술논문작성법 제정에 함께한 오동근, 방대욱, 이승희, 김수경 교수님께 감사드리고, 편집에 애써준 계명대학교 출판부 관계자와, 교정을 위해 수고한 동산도서관 조현길 선생님, 경영대학원 조도희 선생님에게 감사의 뜻을 전한다.

2006년 1월

김 남 석 識

차 례

I. 주 및 후주목록 예

1. 위첨자 방법

고한권[1]은 …

장억규, 이성우[2]는 …

長島弘三 등[3]은 … …이다.[1,6-7,13]

Dean[5]은 … = J. A. Dean[5]은 …

Williams 등[6,15]은 … = E. M. Williams 등[6,15]은 …

Collins와 Wright[7]는 … = J. H. Collins와 J. A. Wright[7]는 …

성서에 나타난 빵에는 "수고의 빵",[19] "눈물의 빵",[21] "거짓의 빵",[22] "불의의 빵",[25] "생명의 빵"[26]이 있다.

"나노는 아주 미세한 물리학적 계량단위로 쓰이고 있다."[3,33-35]

물분자의 공급은 지하 뿌리인 '근권, 지하경, 근계',[37-39] 그리고 토양 입자의 '알갱이'[40] 특성에 의해 좌우된다.

Dean[5] reported … = J. A. Dean[5] reported …

… represented by Collins and Wright,[7] Brett, Johnson, Bach[16] …

= … represented by J. H. Collins and J. A. Wright[7]

Williams et al.[6,15] … = E. M. Williams et al..[6,15] …

The sample solution was stirred briefly with a magnetic "flea".[5,16,23-25]

Ralph Waldo Emerson said, "The reward of a thing well done is a to have done it."[24]

… means using words such as "first", "second", and "finally" or statements such as "First let's consider …".[5,30-32,45]

These types of publications include "Advances",[51] "Methds",[52] "Progress",[53] and "Series".[54]

*인용번호는 해당되는 후주목록의 번호와 연계시켜 위첨자로 기재하고, 두 개 이상의 인용 때는 해당 번호를 모두 기재한다.

*인용되는 동양인명은 완전명으로 기재하고, 영어인명은 성을 기재하나 이름을 함께 기재할 때는 이름은 약자로 한다. 영어인명의 공저자명이 2인일 때는 '와(과)'로 기재하고, 3인 이상일 때는 처음 저자명에 '등', 'et al.'을 부기하고 두 번째 이하의 저자명은 생략한다.
*인용부호는 전체문장을 인용한 경우는 문장 끝에, 문장중의 한 단어나 용어는 그 단어나 용어에 표시한다.

후주목록

1) 고한권. *분석화학;* 광림사: 서울, 1969.

2) 장억규; 이성우. *유기화학;* 대양출판사: 서울, 1955.

3) 長島弘三; 佐野博敏; 富田 功. *無機化學;* 實敎出版: 東京, 2005; p 89.

5) Dean, J. A. *Lange's Handbook of Chemistry*, 15th ed.; McGraw-Hill: New York, 1999; pp 8-11.

*후주목록은 내용의 주번호 순으로 저자명은 10인까지 ';'으로 구분하여 기재하고, 서명은 이탤릭체로, 발행사항은 '발행사: 발행처, 발행년'으로, 인용면수는 'p' 또는 'pp'로 기재한다. 이때 저자명으로 기재되는 서양인명은 '성, 이름'으로 기재하되 이름은 모두 약자로만 기재한다.
*기재형식은 저자명과 서명은 '.'로, 서명과 발행사항은 ';'으로, 발행사항과 면수는 ';'으로 구분하여 기재한다.

2. 괄호 내의 숫자표시 방법

고한권(*1*)은 …

장억규와 이성우(*2*)는 …

長島弘三 등(*3*)은 … …이다(*1,6-7,13*).

Dean(*5*)은 … = J. A. Dean(*5*)은 …

Williams 등(*6,15*)은 … = E. M. Williams 등(*6,15*)은 …

Collins와 Wright(*7*)는 … = J. H. Collins와 J. A. Wright(*7*)는 …

"나노는 아주 미세한 물리학적 계량단위로 쓰이고 있다"(*3,33-35*).

성서에 나타난 빵에는 "수고의 빵"(*19*), "눈물의 빵"(*21*), "거짓의 빵"(*22*), "불의의 빵"(*25*), "생명의 빵"(*26*)이 있다.

물분자의 공급은 지하 뿌리인 '근권, 지하경, 근계'(*37-39*), 그리고 토양 입자의 ‘알강이’(*40*) 특성에 의해 좌우된다.

Dean (*5*) reported … = J. A. Dean (*5*) reported …

…, “both steps occurring at equal rates” (*44*).

… represented by Collins and Wright (*7*), Brett, Johnson, Bach (*16*) …

= … represented by J. H. Collins and J. A. Wright (*7*) …

Williams et al. (*15*) … = E. M. Williams et al. (*15*) …

The sample solution was stirred briefly with a magnetic “flea” (*5,16,23-25*).

… means using words such as “first”, “second”, and “finally” or statements such as “First let’s consider …” (*5,30-32,45*).

These types of publications include “Advances” (*51*), “Methds” (*52*), “Progress” (*53*), and “Series” (*54*).

Ralph Waldo Emerson said, “The reward of a thing well done is a to have done it” (*24*).

*인용주의 번호를 본문에 ()로 묶어 표시하는 방법이다. 이때 () 내의 주번호는 이탤릭체로 하나 연구자에 따라서는 바른체로 기재하기도 한다.
*한국어 문장에서 ()로 기재되는 인용번호는 단어에 붙여서 기재하고, 영어문장은 1스페이스 띄어서 기재한다.

3. 저자명과 발행년도의 표시 방법

1) 문장 중 저자명이 포함된 경우

고한권(1969)은 …

장억규, 이성우(1955)은 …

강의덕 등(1974, 2000)은 …

Dean(1975)은 … = J. A. Dean(1975)은 …

Williams 등(1999a, 1999b)은 …

= E. M. Williams 등(1999a, 1999b)은 …

Collins와 Wright(2000, 2003)는 …

= J. H. Collins와 J. A. Wright(2000, 2003)는 …

Cardwell과 협력자(2005, samples 5-10)는 …

Dean (1975) reported … = J. A. Dean (1975) reported …

… represented by Collins and Wright (2000, 2003).

= … represented by J. H. Collins and J. A. Wright (2000, 2003).

Williams et al. (1999a) … = E. M. Williams et al. (1999a) …

Cardwell and co-workers† (2004) …

The State Department's paper stressed "developing a major part of the world by … of the super powers" (2000).

*저자명이 인용문 중에 포함된 경우는 주표시로 발행년도를 ( )에 묶어 기재한다. 이때 동일인이 발행한 동일년도의 2개 이상의 저작은 발행년도에 'a. b. c'의 순서의 번호를 부기하고, 한국어문장은 인용문에 붙여서, 영어문장은 1스페이스 띄어서 기재한다.

2) 문장 중 저자명이 포함 안 된 경우

(고한권, 1969) (장억규, 이성우, 1955)

(박준근 등, 2003; 오동근, 1994a, 1994b) (강의덕 등, 1974)

(고한권, 1969; Dean, 1975; Harbage, 1952). (한국과학재단, 2004)

(Dean, 1975) (Williams et al., 1999a, 1999b)

(Collins and Wright, 2000, 2003) (Cardwell and co-workers, 2004)

(Berlekamp et al., 1980; Cobine, 1978; Meek and Craggs, 1978)

(The State Department, 2000)

*인용문에 저자명이 포함되지 않은 경우는 한국인명은 '(저자명, 발행년)' 영어인명은 '(성, 발행년)'의 형식으로 기재한다.
*두 개 이상의 동시 인용은 성(동양인명은 이름)의 문자순으로 하고, 동일인의 2개 이상의 저작은 발행년 순으로 한다.
*인용면수는 내주에 표시하지 않고 후주에 단행본은 인용면수를, 연속간행물은 수록면수를 표시한다.

---

†연구보조자나 협력자의 이름이 함께 할 때는 '협력자', 'and co-workers'라고 기재한다.

(그림 3)	(모양은 그림 3을 보라)
(도표 II-3)	(분석결과는 도표 II-3을 보라)
(Figure 3)	(the spectra are shown in Figure 3)
(Table II-3)	(the reactions are shown in Table II-3)

*그림이나 도표는 번호와 함께 ( )로 인용표시를 하고, 설명이 필요한 주는 ( )에 묶어 설명형식으로 기재한다.

4. 후주목록

1) 김복환; 최정훈. *유기화학*; 한국방송통신대학교 출판부: 서울, 2004; p 72.

2) Pagano, A. R.; Lajewski, W. M.; Jones, R. A. *J. Am. Chem. Soc.* **1995**, *117*, 11669-11672.

3) 엄재국. Cyclopentadieny(1,4-dimethyl-1,4-diboracyclohexandien)니켈착물들의 합성. *자연과학연구논집*(계명대학교 자연과학연구소) **1990a**, *9* (1), 19-24.

4) 엄재국. 1,4-diboracyclohexadiene의 철 샌드위치 착물. *자연과학연구논집* **1990b**, *9* (1), 7-11.

5) 정완상. *과학공화국 화학공화국*; 자모사이언스 22; 자음과 모음: 서울, 2005; pp 73-78.

6) 이보형; 황해붕; 이재; 박광선; 이춘란; 정만득; 김종길; 이영범; 홍영백; 유경준; 등. *미국사연구서설*; 이조각: 서울, 1984; pp 113-134.

7) 홍영석. *보편적 행복추구권: 인구, 식량, 건강*; 계명대학교 출판부: 대구, 2002; pp 32-37.

8) 홍영석; 이창섭. 전자파 차단용 도전성 고무재료의 개발. *연구논문집*(계명대학교 저공해자동차부품기술개발센터) **1966**, *제1집*, 237-245.

9) *McGraw-Hill Encyclopedia of Electronics and Computers*, 2nd ed.; Parker, S.

P., et al.; McGraw-Hill Books Co.: New York, 1988; p 67.

10) 보건관리대행협의회. *보건관리 대행 보건관리자 직능별 매뉴얼 개발;* 노동부: 서울, 1997; pp 7, 14, 19-21.

11) Unesco. *Pre-school Education: Statistical Reports and Studies;* Unesco: Paris, 2000; p 33.

12) *일반화학의 이해;* 삼경문학사: 서울, 2000; pp 93-101.

13) Dean, J. A. *Lange's Handbook of Chemistry*, 15th ed.; McGraw-Hill: New York, 1999; p 98.

14) National Academy of Sciences, Committee on Science, Engineering, and Public Policy. *Report of the Research Briefing Panel on Biological Control in Managed Ecosystems;* National Academy Press: Washington, DC, 1987; p 307.

15) 김현; 김문갑; 이학영; 여영구; 한성원. 인트로피(Entropy). *화학공학 열역학: MATLAB를 이용한;* 아진: 서울, 2002; 제3장.

16) Pavia, D. L.; Lampman, G. M.; Kriz, G. S. *분광학적 분석입문*, 제2판; 문석식, 반만기, 이용문, 조정혁, 번역; 自由아카데미: 서울, 1998; pp 78-87.

17) Bush, J. R. Rhetoric and the Instinct for Survival. *Political Perspectives* **1990**, *29* (March), 45-53.

18) 김상철, 백성도, 편저. *확률론 입문;* 목원대학교 출판부: 대전, 2004; pp 49-58.

19) Stengel, R.; Pooley, E. Masters of the Message. *Time,* Nov 18, 1996, p 77.

*후주는 인용자료의 언어나 종류에 구분 없이 인용번호 순으로 목록한다.
*공저자는 10인까지 기재하고 '등', 'et al.'를 부기한다. 그리고 11인부터의 저자는 생략한다.

5. **해설주**: 해설주 내의 인용주와 후주목록

한국의 화학수지공업의 발전[†]은 대부분 미국, 일본, 서독 등의 최신기술을 도입 건설된 것으로 국제수준에 손색이 없다.

위첨자방법 ————————

[†]한국의 합성수지공업은 일제 강점기인 1930년대 페놀수지의 형성부터 시작되었는데 발전은 3단계로 나누고 있다.[14-17)]

괄호 내의 숫자 표시 방법 ————————

[†]한국의 합성수지공업은 일제 강점기인 1930년대 페놀수지의 형성부터 시작되었는데 발전은 3단계로 나누고 있다(*14-17*).

저자명과 발행년도 표시 방법 ————————

[†]한국의 합성수지공업은 일제 강점기인 1930년대 페놀수지의 형성부터 시작되었는데 발전은 3단계로 나누고 있다(韓國産業開發硏究所, 1978; 한국공업협회, 1982; 崔漢石, 申柄湜, 洪允命, 1983; 국제산업경제연구소, 1986).

후주목록 ————————

14) 韓國産業開發硏究所. *韓國工業發展에 관한 調査硏究;* 同 硏究所: 서울, 1978.

15) 한국공업협회. *한국화학공업;* 동 협회: 서울, 1982.

16) 崔漢石; 申柄湜; 洪允命. *無機工業化學;* 東明社: 서울, 1983.

17) 국제산업경제연구소. *원자력;* 산업경제정보총서 16; 동 연구소: 서울, 1986; p 726.

*해설주에 인용된 자료는 주표시를 하고 해당 서지는 후주목록에 기재한다. 본 예는 해설주의 표시를 위첨자방법, 주번호를 ( )에 표시하는 방법과 저자명과 발행년을 표시하는 방법을 각각 제시하였다.

통 용 약 어

a.m.	before noon (L: ante meridiem)	mp	melting point
		Mr	relative molecular mass (molecular weight)
anal.	analysis		
at. wt	atomic weight	N	normal
bp	boiling point	NMR	nuclear magnetic resonance
ca.	about (L: circa)	no., nos.	number, numbers
cf.	compare (L: confer)	o.d.	outside diameter
CP	chemically pure	p, pp	page, pages
DNA	deoxyribonucleic acid	p.m.	after noon (L: post meridiem)
ed.	edition		
Ed., Eds.	Editor, Editors	P.O.	Post Office (with Box and number)
e.g.	for example (L: exempli gratia)		
		ref(s)	reference(s) [with number(s)]
eq(s)	equation(s) [with number(s)]	RNA	ribonucleic acid
		sp., spp.	species, singular and plural
equiv	equivalent(s) [with number(s)]	sp gr	specific gravity
		sp ht	specific heat
equiv wt	equivalent weight	sp vol	specific volume
et al	and others (L: et alii)	U.K.	United Kingdom
etc.	and so forth (L: et cetera)	U.S.	United States
fp	freezing point	USP	United States Pharmacopeia
GLC	gas-liquid chromatography	UV	ultraviolet
i.d.	inside diameter	vol	volume
i.e.	that is (L: id est)	vs	versus
in.	inch, inches	v/v	volume per volume
IR	infrared	wt	weight
m	molal	w/v	weight per volume
M	molar	w/w	weight per weight
mmp	mixture melting point		

II. 단행본(도서)

표제지	판권지
통신 시스템 공학 로이 블라크 지음 김남수 정창규 공역 연세대학교 출판부 서울	Electronic Communication Systems by Roy Blake <u>통신 시스템 공학</u> 지은이: 로이 블라크 옮긴이: 김남수 정창규 인쇄년: 2004년 12월 25일 발행년: 2004년 12월 30일 발행처: 연세대학교 출판부 서울특별시 서대문구 신촌동 134 ISBN 89-7141-642-4 가격: 16,000원

후주목록

*) Blake, R. *통신 시스템 공학*; 김남수, 정창규, 공역; 연세대학교 출판부: 서울, 2004; p 18.

*단행본자료의 서지사항은 위치에 따라 다를 수 있기 때문에 주나 참고문헌의 근거를 표제지로 하고, 표제지에 없는 사항은 판권지, 기타 순으로 한다.
*번역도서는 원저자명을 원명의 문자로 기재하는 것이 번역에 의한 문자상의 혼란을 피할 수 있다. 문장이나 내주에 기록되는 영어인명은 성을 기재하고, 참고문헌은 '성, 이름'의 형식으로 기재하되 이름은 모두 약자로만 기재한다. 번역자는 서명 다음에 번역자명과 역할어를 짝지어 기재한다.
예: Author, A. A.; Author, B. B. *번역서명*; 번역자, 번역자, 공역; …
*서명의 기재는 '서명: 부서명'형식으로 이탤릭체로 기재한다.
*저자가 있는 역자는 역자명을 서명 뒤에 ';'으로 구분하여 역할어와 함께 기재한다.
예: *서명: 부서명*; 번역자명, 번역자명, 역할어; 발행처: …
*발행지는 발행처가 있는 도시명을 관용명으로 기재하고, 도시명에 식별이 필요한 경우는 동양지명은 ()에 상위지명을, 영어는 상위지명을 ','로 구분하여 기재한다. 발행처는 그 구성이나 성격을 나타내는 '도서출판', '주식회사' 등의 용어는 기재하지 않는다. 발행년도는 자료에 나타난 최종년도로 하고, 서기년도가 아닌 기년은 해당 기년을 명칭과 함께 ()로 묶어 기재한다.
예: 발행처: 지명(상위지명), 발행년. 발행처: 지명, 상위지명, 발행년.

[제5판]

환경분석을 위한

기 기 분 석

酒井 馨　坂田 衛
高田 芳矩　共著
李龍根 黃圭子 共譯

圖書出版 東和技術
1997

원판: 1995年 東京 日本環境測定分析協會

환경분석을 위한
기기분석　　정가 16,000

인쇄 1997년 6월 1일
발행 1997년 6월 15일
공저: 酒井 馨　坂田 衛　高田 芳矩
공역: 李龍根　黃圭子
발행: 정우용
발행처: 도서출판 東和技術
주소: 서울 중구 신당 2동 401-25호

후주목록

*) 酒井 馨; 坂田 衛; 高田 芳矩. *기기분석: 환경분석을 위한,* 제5판; 李龍根, 黃圭子, 共譯; 東和技術: 서울, 1997; pp 97-101.

*서명 앞의 관칭은 부제로 기재하고, 개정에 의한 판차는 서명에 ','로 구분하여 기재한다.

예: *서명: 관칭*, 판차; 발행처: …

*일본인명은 자료에 나타난 한자나 일본어 가나로 성과 이름을 띄어쓰기로, 공저자명 간에는 ';'으로 구분하여 기재한다. 저자명일 때는 '저', '공저'라는 역할어 없이 이름만 기재한다. 그러나 서명 뒤에 기재되는 편자나 역자는 '편', '역' 등의 역할어를 함께 기재한다. 공편자나 공역자명은 ','로 구분하여 기재한다.

예: 저자명; 저자명. *번역도서명: 부서명*, 판차; 번역자, 번역자, 역할어; 발행처: …

Author, A. A.; Author, B. B. *Title*, Edition; Translator, A. A., Translator, B. B., trans.; Publisher: …

*판차는 자료에 나타난 내용의 개정에 대한 판표시를 서명에 ','로 구분하여 기재한다. 이때 판차는 바른체로 기재한다.

*발행사항은 번역서의 발행사항을 '발행처: 발행지, 발행년'의 형식으로 기재하고, 발행처 앞의 '도서출판', '주식회사' 등 발행사의 구성이나 성격을 나타내는 용어를 제외한 명칭을 기재하며, 발행년은 자료에 나타난 최종 서기년도를 기재하고 서기년 이외의 기년은 [ ]나 ( )로 묶어 서기년도에 부기한다.

예: 발행처: 발행지, 서기년도(서기년 이외의 기년)

*단행본의 경우는 인용면수를 'p'나 'pp'로 발행년 다음에 ';'으로 구분하여 기재하고, 연속간행물의 경우는 해당 논문이 연속간행물에 수록된 '처음면수-마지막면수'의 형식으로 기재한다.

The Natural Selection of the Chemical Elements – The Environment and Life's Chemistry – by R. J. P. Williams and J. J. R. Fraústo da Silva Clarendon Press Oxford & New York	The Natural Selection of the Chemical Elements – The Environment and Life's Chemistry – by R. J. P. Williams J. J. R. Fraústo da Silva Copyright ©1997 by Clarendon Press ISBN 0-19-85843-0(Hbk) ISBN 0-19-85842-2(Pbk.) Printed in Great Britain by Bath Press Ltd.

후주목록 ───────────

*) Williams, R. J. P.; Fraústo da Silva, J. J. R. *The Natural Selection of the Chemical Elements: The Environment and Life's Chemistry;* Clarendon Press: Oxford, 1997; p 47.

*서양인명은 '성, 이름'으로, 공저자는 ';'으로 구분하여 기재하고, 표제지에 '-'로 나타낸 부표제는 ':'으로 구분하여 기재한다.
*발행지명이 2개 이상인 경우는 처음 표시된 지명을 기재한다.

■ **후주목록 형식**

개인명: 동양인명 – 성 이름. 서양인명 – 성, 이름(약어)으로 기재.
단체명: 단체명만으로 식별되지 않을 때는 '상위단체명, 하위단체명'의 형식으로 기재
저자명은 10명까지 ';'으로 구분하여 기재하고 11인 이하는 생략

*) 저자명 1; 저자명 2; 저자명 3; 저자명 4; … 저자명 9; 저자명 10; 등.
도서명, 판차; 총서정보; 발행처: 발행지, 발행년; 권표시, 면수.

발행지는 발행처 뒤에 ':'으로 구분기재
발행처는 ';'으로 구분기재
총서명을 ';'으로 구분기재
판차는 도서명에 ','로 구분하여 자료에 나타난 판차를 기재
도서명은 이탤릭체로, 저자명과 서명 사이는 '.'로 기재

1) **저자명**

연번) 가 길동. ← 1인 저자

연번) Blackfoot, E.

연번) 가 길동; 나 길동; 다 길동. ← 3인 공저자

연번) Unwin, L. P.; Galloway, J.; Bernard, J. M.

연번) 가 길동; 나 길동; 다 길동; 라 길동; …. ← 10인 공저자

연번) Brett, P. D.; Johnson, S. W.; Bach, C. R. T. …

연번) 가 길동; …; …; …; 등. ← 11인 이상의 공저자(10인까지 기재)

연번) Mrcus, C.; …; …; …; et al.

연번) 가 길동, 편. ← 편저자

연번) Cline, C. L., Ed.

연번) 가 길동, 나 길동, 편. ← 공편자

연번) Warren, B. K., Oyama, S. T., Eds.

연번) 가 길동, 편찬. ← 편찬자

연번) Santos, M., Comp.

연번) 가 길동[동길, 익명]. ← 익명의 저작자명

연번) 동길[익명].

연번) 가 길동, 나 길동, 역. ← 번역자

연번) Gianakakos, P., Poweska, W., Trans.

*공편저자나 공역자명은 ','로 구분하여 기재한다.

연번) 단체명. ← 단체저작자

연번) International Monetary Fund.

연번) Schafer, Frances. ← 서양인명의 성과 이름의 일부가 동일하여 약자로 구분되지 않을 때

연번) Schafer, Frank. W., Jr.

연번) Inderjit; Fountana, M. J. ← 한 단어로 된 이름

연번) Chandler, J. P., III; Schafer, F. W., Jr. ← Jr., II가 있는 저작자

2) 서 명

…. *본서명: 부서명;* ← 부서명

…. 장제목. *본표제;* ← 장의 제목이나 부분표제

…. 내용제목. *본표제;* 가 길동, 편; ← 내용제목

*부서명은 본서명에 ':'으로 구분하여 이탤릭체로 기재한다.
*내용제목(부분제목, 장제목)은 바른체로 해당 제목의 저자명 다음에 기재하고 본표제는 내용제목 다음에 마침표 '.'로 구분하여 본표제를 이탤릭체로 기재한다. 인용되는 내용제목에 저자가 없는 것은 내용제목을 먼저 기재한다.

3) 판 차

… *서명,* 개정판	… *title,* rev. ed.
… *서명,* 제3정판	… *title,* 3th ed.
… *서명,* 1999년판	… *title*, 1999, rev. ed.
… *서명,* 개정증보판, 전2권	… *title*, 2nd ed., 2 vols.

*판차는 내용에 개정이 있을 때 자료에 나타난 판차표시를 식별이 가능한 범위에서 간략히 기재한다.
*다권본의 권차표시는 편차사항 다음에 ','로 구분하여 동양이는 '전×권' 영이는 '× vols.'로 기재한다.

4) 발행사항

발행처: 발행지, 발행년.

Publisher: Place of Publication, Year; Pagination.

발행처: 발행지, 1951-63. ← 다권본: 첫권 발행년-마지막권 발행년

University of Chicago Press: Chicago, 1951-63.

발행처: 발행지, 상위지명, 1999- . ← 상위지명표시, 계속발행자료

New Haven, CT: Yale University Press, 1978.

발행처: 발행지, [년도미상] ← 발행년을 알 수 없는 자료

Addison-Wesley: Reading, MA, [n.d.].

발행처: 발행지, 인쇄중. ← 인쇄중인 자료

Wiley & Sons: New York, in press.

발행처: 발행지, [발행년]. ← 발행년을 본자료 이외에서 확인한 경우

Iowa State University Press: Ames, IA, [1846].

*발행사항은 '발행처: 발행지, 발행년'의 형식으로 기재하되 발행지명은 도시명(관용명)을 기재하고 식별이 필요한 경우는 동양지명은 '도시명(상위지명)' 서양지명은 '도시명, 상위지명'의 형식으로 기재한다.

5) 인용면수

연도; pp 67-68.	연도; p 183.
연도; Paper ORGN 79.	연도; p 93f[††].
연도; pp 30, 42, 60ff.	연도; Post B29.
연도; pp 30, 41, 78.	연도; Chapter 5.
연도; Paper 1-36.	연도; Vol, 2, p 35.
연도; PMSE 189.	연도; Vol. II, Part 5.
연도; Part 5-14, Section 5.02 2.	연도; Abstract.
연도; 20 vols.	연도; No. 2, p 35.
연도; Vol. III, No. 4.	연도; Chapter 4, p 73.
연도; samples 5-10.	연도; Tables 1-4.
연도; refs 3-5.	연도; eqs 6-9.

*면수표시는 'p'나 'pp'로 기재하고, 발행년 다음에 ';'으로 구분하여 기재한다. 별도의 명칭이 필요한 경우는 해당 명칭과 함께 기재한다.

[예1] 1인 저서

1) 류근갑. *효소반응속도론 및 열역학*; 울산대학교 출판부: 울산, 2003; pp 32, 57-59.

2) 현종오. *화학, 이제 쉽게 배웁시다: 현종오의 과학이야기*; 우리교육: 서울, 1995; pp 75-80.

3) Dean, J. A. *Lange's Handbook of Chemistry*, 15th ed.; McGraw-Hill: New York, 1999; pp 8-11.

[††]f: 다음 면수(연속 1면수: "and following" page) ff: 다음 면수(연속 2면수: "and following" pages)

4) Bersuker, I. B. *Electronic Structure and Properties of Transition Metal Compounds: Introduction to the Theory;* Wiley & Sons: New York, 1996; Chapter 7.

*동양어로 표시된 저자명은 성명으로 기재하고, 영어로 표시된 저자명은 '성, 이름'으로 기재하되 이름은 약자로만 기재한다.

[예2] 2-10인 공저서

■ 후주목록 형식

*) 저자명; 저자명; …; 저자명. *서명: 부서명*, 판차; 발행처: 발행지, 발행년; 인용면수.

*) Author, A. A.; …; Author, H. H. *Book Title: Subtitle*, Edition; Publisher: Place of Publication, Year; Pagination.

5) 김복환; 최정훈. *유기화학;* 한국방송통신대학교 출판부: 서울, 2004; pp 22, 30, 38-39.

6) 박승재; 권성기; 김명환. *물리 교육학 연구;* 교육과학사: 서울, 2000; pp 41-42.

7) Hansch, C.; Leo, A. *Exploring QSAR: Fundamentals and Applications in Chemistry and Biology;* American Chemical Society: Washington, DC, 1995.

8) Dresselhaus, M. S.; Dresselhaus, G.; Eklund, P. C. *Science of Fullerenes and Carbon Nanotubes;* Academic: New York, 1996; pp 126-141.

[예3] 11인 이상의 공저서

9) 김경찬; 김군찬; 김종원; 김태윤; 김현수; 도종두; 박광성; 박영태; 윤경표; 이광; 등. *자연과학으로의 여행;* 계명대학교 출판부: 대구, 2005; pp 297-331.

10) 박승재; 권성기; 김명환; 김영민; 김익균; 김진만; 박종원; 송진웅; 이무; 장병기; 등. *물리교육학연구: 이론과 동향;* 교육과학사: 서울, 2000; pp

40, 81, 317-321.

11) Curro, J.; Dormann, J. L.; Erber, J.; Fiorani, D.; Havriliak, S., Jr.; Havriliak, S. J.; Hockney, G. M.; Schweizer, K. S.; Tronc, E.; Urban, S.; et al. *Advances in Chemical Physics;* Wiley & Sons: New York, 1997; Vol. 98, pp 143-216.

*11인 이상의 공저자는 10인까지 기재하고 '등' 'et al.'를 부기하고 이하는 생략한다.

[예4] 단체의 저서

12) 대한화학회. *대한화학회 50년사, 1946-1996;* 대한화학회: 서울, 1999; pp 35-40.

*서명의 범위를 나타낸 년도는 ','로 구분하여 본서명으로 기재한다.

13) 유해화학물질관리협회. *화학물질목록: 유해성심사 또는 유해성조사대상에서 제외되는;* 동 협회: 서울, 1996; p 1553.

*저작단체와 발행단체가 동일할 때는 저자명에는 완전명을 기재하고 발행처에는 '동 협회' 또는 'The Author'로 간략히 기재한다.

14) World Health Organization. *Guidelines for Drinking Water Quality*, 2nd ed.; Recommendations, 176; The Author: Geneva, Switzerland, 1993; Vol. 1.

15) National Academy of Sciences, Committee on Science, Engineering, and Public Policy. *Report of the Research Briefing Panel on Biological Control in Managed Ecosystems;* National Academy Press: Washington, DC, 1987.

16) *Regulatory Considerations: Genetically Engineered Plants;* Boyce Thompson Institute for Plant Research: Ithaca, NY, 1988.

*자료전체를 인용한 경우는 인용면수를 기재하지 않는다. 다권본을 한 권만 인용한 경우는 인용면수에 '제×권', 'Vol. ×'로 기재한다.

[예5] 정부간행물

▪ 후주목록 형식

문서에 책임이 있는 개인명이나 단체명을 기재 / 별도의 장의 제목이 있을 때 기재 / 간행물명은 이탤릭체로 기재

*) 저자명 1; 저자명 2; … 10; 등. 장의 제목. *간행물명*; 정부문서번호; 발행처: 발행지, 발행년; 인용면수.

인용면수는 ';'으로 구분기재 / 정부문서번호는 ';'으로 구분기재 / 발행사항은 단행본과 동일

17) 교육부. *중학교 교육과정 해설(III): 수학, 과학, 기술, 가정;* 대한교과서: 서울, 1999; pp 116, 119, 120, 124-125, 158-159.

18) 한국과학재단. *기초과학연구사업 성과분석 보고서;* 한국과학재단: 서울, 2000; pp 27-34.

19) Simpson, R. Analysis of Chloramphenicol in Tissue. *USDA Chemistry Laboratory Guidebook;* U.S. Government Printing Office: Washington, DC, 1985; Part 5-14, Section 5.022.

20) *The Biologic and Economic Assessment of Maleic Hydrazide;* Technical Bulletin No. 1634; U. S. Department of Agriculture, U. S. Government Printing Office: Washington, DC, 1979.

[예6] 편저서

▪ 후주목록 형식

*) 편저자, 편저자, 편저. *서명: 부서명;* 총서명과 번호; 발행처: 발행지, 발행년; 인용면수.

*) *Book Title;* Editor, A. A., Editor, B. B., Eds.; Series Title and number; Publisher: City(2 letters), year; Vol. 2, pp xx-xx.

*편저서는 편자를 저자명으로 채기하는 경우와 서명을 중심으로 채기하는 경우로 생각할 수 있다. 이때 공편자 간의 구분은 ','로 기재한다. 저자를 제외한 편저자는 '편', '공편', '편저', 'ed.', 'eds.' 등의 역할어를 함께 기재한다.

21) 김상철, 백성도, 편. *확률론 입문;* 목원대학교 출판부: 대전, 2004; p 88.

= 21) *확률론 입문;* 김상철, 백성도, 편저; 목원대학교 출판부: 대전, 2004; p 88.

22) *Volatile Compounds in Foods and Beverages;* Maarse, H., Ed.; Dekker: New York, 1991.

= 22) Maarse, H., Ed. *Volatile Compounds in Foods and Beverages;* Dekker: New York, 1991.

23) Warren, B. K., Oyama, S. T., Eds. *Heterogeneous Hydrocarbon Oxidation;* ACS Symposium Series 638; American Chemical Society: Washington, DC, 1996; pp 61, 68-71.

= 23) *Heterogeneous Hydrocarbon Oxidation;* Warren, B. K., Oyama, S. T., Eds.; ACS Symposium Series 638; American Chemical Society: Washington, DC, 1996.

[예7] 번역서

24) Pavia, D. L.; Lampman, G. M.; Kriz, G. S. *분광학적 분석입문*, 제2판; 문석식, 반만기, 이용문, 조정혁, 역; 自由아카데미: 서울, 1998; pp 73-78.

25) Tessier, J. Structure, Synthesis and Physical-Chemical Properties of Deltamethrin. *Deltamethrin Monography;* Walden, D. V. d. G., Trans.; Roussel-Uclaf: Paris, 1982; p 73.

*번역서는 저자명을 원명으로 기재하고, 번역자는 서명 뒤에 ';'으로, 공역자 간에는 ','로 구분하여 '역', 'Translator', 'Trans.'라는 역할어와 함께 기재한다.

[예8] 개정서

26) 채부, 안정혜, 홍장후, 이정화, 편저. *有機分光學*, 증보판; 학연사: 서울, 1994; pp 58-59.

= 26) *有機分光學*, 증보판; 채부, 안정혜, 홍장후, 이정화, 편저; 학연사: 서울, 1994; pp 58-59.

27) Rogers, D. W. *Computational Chemistry Using the PC*, 2nd ed.; VCH: New York, 1996; pp 62-73.

28) *Treatise on Analytical Chemistry: Part I, Theory and Practice*, 2nd ed.; Elving, J. J., Ed.; Wiley: New York, 1986; Vol. 14.

*판차는 개정판일 때 자료에 나타난 판차표시를 서명과 함께 ','로 구분하여 기재한다.

[예9] 저자불명 저서

29) *일반화학의 이해;* 삼경문화사: 서울, 2000; pp 88, 93-101.

30) *Regulatory Considerations: Genetically Engineered Plants;* Boyce Thompson Institute for Plant Research: Ithaca, NY, 1988.

*저자불명의 저서는 서명을 중심으로 기재한다.
*발행지명이 식별이 필요한 경우는 '지명, 상위지명'의 형식으로 기재한다. 이때 기재되는 상위지명은 2자로 기재한다.

[예10] 다권본 및 부분 제목

■ **후주목록 형식**

개인명: 동양인명. 성 이름. 서양인명. 성, 이름(약어)으로 채기.
단체명: 단체명만으로 식별되지 않을 때는 '상위단체명, 하위단체명'의 형식으로 기재
장의 제목은 바른 활자체로 기재
도서명은 이탤릭체로 기재
도서명과 판차는 콤마 ','로 구분

*) 저자명 1; 저자명 2; …10; 등. 장의 제목. *도서명,* 판차; 편자명 1, …9, 편자명 10, 등, 편; 총서정보; 발행처: 발행지, 발행년; 권표시, 면수.

역할어 표시
영어 편저자명은 '성, 이름'으로 기재
장이 속한 권과 수록면수를 기재

*) Author, A. A.; Author, B. B. Chapter Title. In *Book title,* Edition Number; Editor, A. A., Editor, B. B., Eds.; Series Information (including series number); Publisher: Place of Publication, Year; Volume number, Pagination.

*) Author, A. A.; Author, B. B. In *Book title,* Edition Number; Editor, A. A., Editor, B. B., Eds.; Series Information (including Series number); Publisher: Place of Publication, Year; Volume number, Pagination.

1) 장 인용

31) 이명철. 양전자방출단층촬영(PET). *핵의학*, 제1판; 고창순, 편; 고려의대: 서울, 1992; 제23장.

32) 김현; 김문갑; 이학영; 여영구; 함성원. 엔트로피(Entropy). *화학공학 열역학: MATLAB을 이용한;* 아진: 서울, 2002; 제3장.

= 32) 김현; 김문갑; 이학영; 여영구; 함성원. *화학공학 열역학: MATLAB을 이용한;* 아진: 서울, 2002; 제3장.

33) Richey, H. G., Ed. *Grignard Reagents: New Developments;* Wiley: Chicester, UK, 2000; Chapter 8.

34) Buttery, R. G.; Ling, L. C. Methods for Isolating Food and Plant Volatiles. In *Biotechnology for Improved Foods and Flavours;* Takeoka, G. R., Teranishi, R., Williams, P. J., Kobayashi, A., Eds.; ACS Symposium Series 637; American Chemical Society: Washington, DC, 1996; pp 240-248.

2) 부분인용: 장의 저자와 책의 편자가 있는 경우

35) Adams, M. R.; Garton, A. Far-Ultraviolet Degradation of Selected Polymers. In *Polymer Durability: Degradation, Stabilization, and Lifetime Prediction;* Clough, R. L., Billingham, N. C., Gillen, K. T., Eds.; Advances in Chemistry

Series 249; American Chemical Society: Washington, DC, 1996; pp 139-158.

36) Wilberg, K. In *Investigations of Rates an Mechanisms of Reactions;* Lewis, E. S., Ed.; Techniques in Chemistry, Vol. VI, Part l; Wiley: New York, 1974; p 764.

3) 다권본 전체의 인용

37) Rhodes, R. *원자폭탄 만들기;* 문신행 옮김; 민음사: 서울, 1995; 전2권.

38) *McGraw-Hill Encyclopedia of a Science and Technology*, 7th ed.; McGraw-Hill: New York, 1992; 20 vols.

4) 디권본의 권 인용

39) Rhodes, R. *원자폭탄 만들기: 하; 삶과 죽음;* 문신행 옮김; 민음사: 서울, 1995; pp 9-64.

40) *Treatise on Analytical Chemistry: Part I, Theory and Practice*, 2nd ed.; Elving, P. J., Ed.; Wiley: New York, 1986; Vol. 14.

41) Downs, G. M.; Barnard, J. M. Clustering Methods and Their Uses in Computational Chemistry. In *Reviews in Computational Chemistry;* Wiley: Hoboken, NJ, 2002; Vol. 18, p 11.

[예11] 총서 자료 ('Advances', 'Methods', 'Progress', 'Series' 등을 포함한 자료)

■ **후주목록 형식**

*) 저자명 1; 저자명 2; …; 저자명 9; 저자명 10; 등. *도서명;* 편저자 1, 편저자 2; 총서명과 총서번호; 발행처: 발행지, 발행년; 권표시, 면수.

*) Author, A. A.; Author, B. B.; … ; etc. In *Title*; Editor, A. A., Editor, B. B., Eds.; Series Title and Number; Publisher: Place of

Publication, Year; Pagination.

42) 정완상. *과학공화국 화학공화국;* 자모사이언스 22; 자음과 모음: 서울, 2005; pp 73-78.

43) 최종인. *PC를 이용한 전산화학: 수치해석의 화학적 응용 및 계산화학;* 컴퓨터 화학; 중앙대 출판부: 서울, 1996; pp 34-59.

44) *Aquatic Chemistry: Interfacial and Interspecies Process;* Huang, C. P., O'Melia, C. R., Morgan, J. J., Eds.; Advances in Chemistry Series 244; American Chemical Society: Washington, DC, 1995.

45) Hudlicky, M. *Oxidations in Organic Chemistry*; ACS Monograph 186; American Chemical Society: Washington, DC, 1990.

46) Kebarle, P. In *Techniques for the Study of Ion-Molecule Reactions;* Saunders, W., Farrar, J. M., Eds.; Techniques of Chemistry Series 20; Wiley: New York, 1988; p 125.

47) Wiberg, K. In *Investigations of Rates and Mechanisms of Reactions*; Lewis, E. S., Ed.; Techniques of Chemistry, Vol. VI, Part I; Wiley: New York, 1974; p 764.

총서명 간략기재 ——————————

42) 정완상. *자모사이언스* **2005**, *22*, 73-78.

43) 최종인. *컴퓨터화학* **1996**, 34-59.

44) *Advances Chem. Ser.* **1995**, *244*, 88-90.

45) Hudlicky, M. *ACS Mono.* **1990**, *186,* 30.

46) Kebarle, P. *Tech. Chem. (N.Y.)* **1988**, *20*, 125.

47) Wiberg, K. *Tech. Chem.* **1974**, *Vol. VI, Part I*, 764.

*'저자명. *총서명*(CASSI형식의 약식) 발행년, *총서번호*, 인용면수'의 형식으로 기재한다. 이때 총서명은 이탤릭체, 발행년은 진하게, 총서번호는 이탤릭체, 인용면수는 'p', 'pp' 없이 기재한다.

[예12] 법 령

■ 후주목록 형식

┌ 법령명은 이탤릭체로 기재
┌ 인용 내용의 조문에 대한 장과 조문 번호를 기재

*) 내용제목. *법령명.* 장번호, 조문번호, 연도.

└ 필요한 경우 인용 법령의 내용제목을 기재 └ 법령의 발표년도를 기재

48) *도서관 및 독서진흥법.* 법률 제5657호, 1999.

49) 자동차 운송사업의 종류. *자동차운수사업법,* 제2장, 제3조.

50) *Federal Food, Drug, and Cosmetic Act.* Public Law 95-532, 1938.

51) FIFRA Good Laboratory Practice Standards. *Code of Federal Regulations.* Section 160, Title 40, 1982; Fed. Regist. 1983, 48, 53946ff.

[예13] 백과사전 기사

■ 후주목록 형식

*) 기사명. *백과사전명*, 판차; 발행처: 발행지, 발행년; 권수, 면수.

*) Article Title. *Encyclopedia Name*, Edition number; Publisher: Place of Publication, Year: Volume Number, Pagination.

52) 노동기본권과 노동법의 원리. *21세기 세계대백과사전;* 서울: 범한, 1998; 제16권, pp 135-137.

53) 정기현. 합성수지공업. *한국민족문화대백과사전;* 한국정신문화연구원: 서울, 1997; 제25권, p 391.

54) Psychopharmacological Agents. *Kirk-Othmer Encyclopedia of Chemical Technology*, 4th ed.; Wiley: New York, 1996; Vol. 20, pp 455-457.

55) Budavari, S., O'Neil, M. J., Smith, A., Heckelman, P. E., Kinneary, J. F., Eds. *The Merck Index: An Encyclopedia of Chemicals, Drugs, and Biologicals*, 13th ed.; Merck & Company: Whitehouse Station, NJ, 2001; entry 5066.

부호의 사용 예

반점(comma):

William M. Delaney, Jr.　　Charles J. Smith, III

June 15, 2005　　June 2005

Water, sodium hydroxkide, and ammonia were the solvents.

"and", "or", "nor", "but", "yet", "for", and "so"

H NMR, Uv, and IR

[1,3-5,10-15]　　(*1, 3-5, 10-15*)

Smith et al.　　Smith, C. J., et al.　　Smith, Charles, et al.

온점(period):

… "Watch out!"　　… "May I go?"

… at 3 a.m.

인용부호(quotation marks):

… was stirred briefly with a magnetic "flea".

… said, "The reward of a thing well done is to have done it."

… is a soluble "blue" copper protein.

… is proportional to a "mixing coefficient".

… is given in the section "Flavonoids in Citrus Peel Oils", and other …

대쉬(dash):

Debye-Hückel theory　　Jahn-Teller effect

Fermi-Dirac statistics　　Young-Laplace equation

Fischer-Tropsch effect　　Lineweaver-Burk method

Beer-Lambert law　　Llineweaver-Burk metho

cost-benefit analysis　　bromine-olefin complex

ethanol-ether mixture　　structure-activity relationship

nickel-cadmium bettery　　12-20 months

Figures 1-4　　parts C-E

compounds A-1　　Lyon and co-workers[23a-d]

Lyon and co-workers (*23-26*)　　one-half

three-fourths　　Two-thirds

III. 연속간행물

ISSN 1017-2548
CODEN JKCSEZ 49(1)

대한화학회지

Journal of the
Korean Chemical Society

VOLUME 49, NUMBER 1
FEBRUARY 20, 2005

THE KOREAN CHEMICAL SOCIETY
대 한 화 학 회

대한화학회지

JKCSEZ 49(1) 1-124(2005) ISBN 1017-2548
제49권 제1호 2005년 2월 20일

이론 및 물리화학

세가지 3-Chloro-1-buten 이형태체들의 진동 Frequency 계산에 대한 DFT 합동 적용 연구......................................이민주 7
N-Pentane의 평형 구조에 대한 진동 분광학 연구.
....Liangyu Wang and Yunhong Zhang 16
....

후주목록

*) Wang, L.; Zhang, Y. N-Pentane의 평형 구조에 대한 진동 분광학 연구. *대한화학회지* **2005**, *49* (1), 16-28.

= *) Wang, L.; Zhang, Y. *대한화학회지* **2005**, *49* (1), 16-28.

■ 후주목록 형식

연구자는 10인까지 기재 '등', 'et al.'를 부기. 서양인명은 '성, 이름(약어)'의 형식

논문명은 인용부호 사용 않음. '논문명: 부제'의 형식으로 기재

간행물명은 이탤릭체로 기재

*) 연구자 1; 연구자 2; … 10; 등. 논문명. *연속간행물명* (발행단체명) 연도, *권* (호/월), 수록면수.

논문이 수록된 처음과 마지막 면수를 'p', 'pp' 부호 없이 '-'로 구분하여 기재

권은 이탤릭체, 호(no.)나 월은 ( )에 묶어 바른체로 기재

연도는 진하게 기재

식별이 필요한 경우 단체명 부기

1) **저자명**: 단행본자료와 동일

2) **논문명**

논문제목. *학술지명* … 논문제목(일본어). *학술지명* …

논문제목: 부제. *학술지명* …

3) **권. 호. 면수**

년도, *권,* xxxx-xxxx.

년도, *권* (제x호), x-xx. **년도,** *권* (33), x-xx.

년도, *권* (제1호), x-xx, xx; (제2호), xx-xx.

년도, *권* (계절명), xxx-xx. **년도,** *권* (Fall), xx-xx.

년도, *권* (x월), x-xx. **년도,** *권* (January), x-xx.

년도, *권* (x월/x월), x-xx.

년도, *권* (x월 x일), x-xx. 년도, *권* (Aug 12), x-xx.

년도, *권* (추록 1), xxx-xxx 년도, *권* (Suppl. 1), 234-241.

년도, No. x, xx-xx. 년도, *권,* xx-xx, xxx; 년도, *권,* xxx

년도, 제x호, xxx, xxx. **년도,** No. x, xx, xxx.

7-18. 67f 68ff 103-107

234-237 2022-2134 11771-11779

지명, 1965년 7월 16일, pp 27-28.

Title, Dec 16, 1965, p A5.

지명, 1965년 7월, pp 276-280.

Title, Nov 1990, pp 54-55.

*자료의 면수 매김이 권 단위는 호를 표시하지 않고, 호나 월 단위일 때는 권과 호를 표시하고 면수를 기재한다.
*권이 없이 호만 있는 것은 호를 일반체로 기재하고, 월간지나 주간지, 일간지와 같이 권호가 없는 월간지는 '연월'을 주간지나 일간지는 '연월일'을 기재한다.

CASSI의 연속간행물명 약어 구성원칙

*국명이나 지명은 약명으로

U.S. U.S.A. D.C. N.Y.

*연속간행물명의 마지막 단어가 약어일 때 마침점 사용

Int*ernational* **J***ournal* of **Radiat***ion* **Oncol***ogy,* **Biol***ogy,* **Phys***ics*

= *Int. J. Radiat. Oncol., Biol., Phys.* ←CASSI의 지명

*연속간행물명의 용어를 양 스페이스로 나타낸 하이픈(hyphen)은 대쉬(dash)로

Bull*etin* **Tech***nique* - **Valorisation** *et* **Util***isation des* **Combust***ibles*, **Inst***itut* **Nat***iona***l** *des* **Ind***ustries* **Extr***actives*

= *Bull. Tech.--Valorisation Util. Combust., Inst. Natl. Ind. Extr.*

*권표시로 된 '**n**'은 'No.'로

Br*itish* **Med***ical* **J**ournal … **n6372 1983**

= *Br. Med. J.* **1983,** *No. 6372*

Spec*ial* **Publ***ication* - **R***oyal* **Soc***iety of* **Chem***istry* … **n37 1980**

= *Spec. Publ.--R. Soc. Chem.* **1980,** *No. 37.*

*정부기관 간행물과 보고서

Brookhaven National **Lab**oratory, [**Rep**ort] **BNL** … **BNL 51706 1983**

= *Brookhaven Natl. Lab., [Rep.]* **1983,** *BNL 51706*

Los Alamos National **Lab**oratory, [**Rep**ort] **LA** (United States) … **LA-9757-MS 1983**

= *Los Alamos Natl. Lab., [Rep.] LA(U.S.)* **1983,** *LA-9757-MS.*

*CASSI는 다권본 형식 자료(Multiple parts, sections, series)의 서명에도 적용할 수 있다.

Acta Crystallogr., Sect. B: Struct. Crystallogr. Cryst. Chem. **1978,** *B34,* 110-115.

= *Acta Crystallogr., Sect. B* **1978,** *34,* 110-115.

= *Acta Crystallogr.* **1978,** *B34,* 110-115.

*ACS는 부록으로 1000개 이상의 CASSI의 지명을 List(pp 215-229)로 제시하고 있다. 연속간행물명을 약식으로 기재할 때는 이 표를 참조해야 한다. CASSI는 Chemical Abstracts Service Source Index의 약어로 이 Index에서 제공하는 약식 연속간행물명을 참고문헌목록에 사용한다.

■ **후주목록 형식**(약식 기재)

*) 연구자 1; 연구자 2; … 연구자 10; 등. *연속간행물명* (발행단체명) 연도, *권* (호/월), 수록면수.

Rouhi, A. M. *Chem. Eng. News* **1996**, *74* (33), 37-42.

Rouhi, A. M. *Chem. Eng. News* **1996,** *74* (Aug 12), 37-42.

Sear, J. W.; Fisher, A.; Summerfield, R. *J. Eur. J. Anaesthesiol.* **1987,** *4* (Supple. 1), 55-61.

Wills, M. R.; Savory, J. *Lancet* **1983,** No. 2, 29. ← 호만 있는 경우

Forster, T. *Naturwissenschaften* **1946**, *33*, 166; *Ann. Phys.* **1948**, *2*, 55; *Z. Naturforsch.* **1949**, *417*, 321. ← 2개 이상의 간행물

Alaiz, M.; Zamora, R.; Hidalgo, F. J. *J. Agric. Food Chem.* **1995**, *43*, 795-800; **1996**, *44*, 486-491. ← 동일 간행물, 동일저자의 다른 저작

전근호. *대한화학회지* **2005**, *49* (1), 56-62, 63-71. ← 동일호, 동일저자의 2개 이상의 저작

Clay, S. A.; Koskinen, W. C. *Weed Sci.* **1990**, *38*, 74-80, 262-266.

*약식기재는 저자명을 후주목록 형식으로, 연속간행물명은 CASSI의 간행물명을 이탤릭체로, 발행년도는 진하게, 권표시는 이탤릭체로, 수록면수는 바른체로 기재한다.
*약식기재형식은 논문명을 제외한 '저자명. *간행물명* 발행년, *권* (호), 수록면수'의 형식으로 저자명 간의 구분은 ';'으로, 저자명과 간행물명 간의 구분은 '.'로, 간행물명과 간행년도는 구분부호 없이, 발행년과 권의 구분은 ','로, 호는 ( )에 묶어서, 권호와 수록면수는 ','로 구분하여 기재한다.

[예14] 1인 논문, 2-10인의 공동논문

56) 이민주. 세 가지 3-Chloro-1-butene이형태들의 진동 Frequency계산에 대한 DFT합동법 적용 연구. *대한화학회지* **2005**, *49* (1), 7-15.

= 56) Lee, M.-J. An application of Combining DFT Methods to Calculate the Vibrational Frequencies of All Three Conformers of 3-Chloro-1-butene. *J. Korean Chem. Soc.* **2005**, *49* (1), 7-15.

*한국어로 된 논문을 영어로 기재할 때는 한국인명을 '성, 이름'으로 영어형식에 따른다. 본 예에서는 한국어형식과 영어형식을 함께 제시하였다.

57) 최종문; 최선도. 알긴산칼슘 비드 상 흡착에 의한 흔적량 구리(II)와 납(II)의 동시 농축 및 정량. *대한화학회지* **2005**, *48* (6), 590-598.

58) 김재명; 김경남; 박승혁; 박정규; 김창해; 장호겸. LED용 $CaGa_2S_4:Eu^{2+}$황색 형광체의 합성 및 발광특성. *대한화학회지* **2005**, *49* (2), 201-207.

= 58) Kim, J. M.; Kim, K. N.; Park, S. H.; Park, J. K.; Kim, C. H.; Jang, H. G. L. Synthesis and Luminescent Chracteristics of $CaCa_2S_4:Eu^{2+}$ Yellow Phosphor for Light Emitting Diode. *J. Korean Chem. Soc.* **2005**, *49* (1), 7-15.

59) Hill, M.; Fott, P. Kinetics of Gasification of Czech Brown Coals. *Fuel* **1993**, *72*, 525-529.

60) Voutsas, E. C.; Spiliots, N.; Kalospiros, N. S.; Tassios, D. Prediction of vapor-liquid equilibria at low and high pressures using UNIFAC-based methods. *Ind. Eng. Chem. Res.* **1995**, *34*, 681-687.

61) 박용광; 김진호; 윤동신; Bergman, R. G.; Peter, K.; Vollhardt, C. Intramolecular Double C-H Activation in FvM_2(en)4 (Fv=fulvalene; M=Ir, Rh; en=ethylene). *대한화학회지* **2005**, *48*, 327-330.

62) 서무열; 소세철; 이창헌; 김정석; 송병철; 윤수향; 박영재; 박경균; 지광용; 김원호. 사용후핵연료에 들어있는 플루토늄 정량을 위한 이온교환분리. *대한화학회지* **2000**, *44*, 401-498.

63) Rando, R. R. The Biochemistry of the Visual Cycle. *Chem. Rev.* [Online] **2001**, *101*, 881-896.

*전자자료는 간행물명에 '[전자자료]', '[Online]'과 같은 자료유형을 부기한다.

CASSI에 의한 간략기재 ——————————

56) 이민주. *대한화학회지* **2005**, *49* (1), 7-15.

= 56) Lee, M.-J. *J. Korean Chem. Soc.* **2005**, *49* (1), 7-15.

57) 최종문; 최선도. *대한화학회지* **2005**, *48* (6), 590-598.

58) 김재명; 김경남; 박승혁; 박정규; 김창해; 장호겸. *대한화학회지* **2005**, *49* (2), 201-207.

= 58) Kim, J. M.; Kim, K. N.; Park, S. H.; Park, J. K.; Kim, C. H.; Jang, H.

G. L. *J. Korean Chem. Soc.* **2005**, *49* (1), 7-15.

59) Hill, M.; Fott, P. *Fuel* **1993**, *72*, 525-529.

60) Voutsas, E. C.; Spiliots, N.; Kalospiros, N. S.; Tassios, D. *Ind. Eng. Chem. Res.* **1995**, *34*, 681-687.

61) 박용광; 김진호; 윤동신; Bergman, R. G.; Peter, K.; Vollhardt, C. *대한화학회지* **2005**, *48*, 327-330.

62) 서무열; 소세철; 이창헌; 김정석; 송병철; 윤수향; 박영재; 박경균; 지광용; 김원호. *대한화학회지* **2000**, *44*, 401-498.

63) Rando, R. R. *Chem. Rev.* [Online] **2001**, *101*, 881-896.

[예15] 11인 이상의 공동논문

64) Baca, S. G.; Filippova, I. G.; Branz, P.; Ambrus, C.; Gdaniec, M.; Stoeckli-Evans, H.; Simonov, Y. A.; Gherco, O. A.; Bejan, T.; Gerbeleu, N.; et al. Ni(II) coordination compounds based on mixed phthalate and aromatic amine ligands: synthesis, crystal structures and magnetic properties. *Inorganica Chimica Acta* **2005**, *358*, 1762-1770.

CASSI에 의한 간략기재 ——————————

64) Baca, S. G.; Filippova, I. G.; Branz, P.; Ambrus, C.; Gdaniec, M.; Stoeckli-Evans, H.; Simonov, Y. A.; Gherco, O. A.; Bejan, T.; Gerbeleu, N.; et al. *Inorganica Chimica Acta* **2005**, *358*, 1762-1770.

*연속간행물이 권(volume)단위로 된 면수는 '*권*, 수록면수' 형식으로 기재하고, 호(number)단위로 된 면수는 '*권* (호), 수록면수' 형식으로 기재한다.

[예16] 미간행 논문

65) 김길동; 정낙연. 연사환경 관련법이 농촌지역에 미친 영향에 관한 연구.

국토계획, 인쇄중.

66) Leshner, A. I. Molecular Mechanisms of Cocaine Addiction. *N. Engl. J. Med.,* in press.

67) Chatterjee, K.; Visconti, A.; Mirocha, C. J. Deepoxy T-2 Tetrol: A Metabolite of TO2 Toxin Found in Cow Urine. *J. Agric. Food Chem.*, submitted for publication, 1996.

68) Wagner, R. L. University of Utah, Salt Lake City, UT. Unpublished work, 1995.

CASSI에 의한 간략기재

65) 김길동; 정닉연. *국도계획,* 인쇄중.

66) Leshner, A. I. *N. Engl. J. Med.,* in press.

67) Chatterjee, K.; Visconti, A.; Mirocha, C. J. *J. Agric. Food Chem.*, submitted for publication, 1996.

68) Wagner, R. L. University of Utah, Salt Lake City, UT. Unpublished work, 1995.

[예17] 단체명

69) 대한화학회. *대한화학회지* **1999**, *43* (6), 611-613.

70) International Union of Pure and Applied Chemistry, Physical Chemistry Division, Commission on Molecular Parameter values for Infrared and Raman Intensity Measurements. *Pure Appl. Chem.* **1988,** *60*, 1385-1388.

[예18] 일반잡지 및 신문 기사

■ **후주목록 형식**

*) 저작자1; 저작자2; … 저작자10; 등. 기사명. *잡지나 신문명*, 연월

일, 수록면수.

*) Author, A. A.; ··· Author, H. H. Article Title. *Journal or Newspaper Title*, Complete Date, Pagination.

*CASSI에 규정된 연속간행물명이 아닌 것은 잡지명이나 신문명을 그대로 이탤릭체로 기재한다.
*일반잡지로 신문과 같이 권호가 없는 것은 권호 대신 월간지는 '연월', 일간지나 주간지는 '연월일'을 기재한다.

71) 류재천. 독성 유전체학: 차세대 유해성평가 기술. *나이스* (한국화학공학회), 2005년 2월, pp 4-11.

*'논문집' '연구보고서' '연구논집' 등과 같이 식별이 필요한 연속간행물명은 발행단체명을 ()로 부기한다.

72) 이정호; 김현진; 백승렬. 단백질 응집: 퇴행성 신경질환과 아밀로이드. *나이스*, 2005년 2월, pp 47-53.

73) Byrne, J. A. The Best & Worst Boards. *Business Week*, Nov 25, 1996, pp 82-98.

74) Stengel, R.; Pooley, E. Masters of the Message. *Time*, Nov 18, 1996, p 77.

75) Suplee, C. Infinkitesimal Carbon Structures May Hold Gigantic Potential. *The Washington Post,* Dec 2, 1996, p A3.

CASSI에 의한 간략기재

71) 류재천. *나이스* (한국화학공학회), 2005년 2월, pp 4-11.

72) 이정호; 김현진; 백승렬. *나이스*, 2005년 2월, pp 47-53.

73) Byrne, J. A. *Business Week*, Nov 25, 1996, pp 82-98.

74) Stengel, R.; Pooley, E. *Time*, Nov 18, 1996, p 77.

75) Suplee, C. *The Washington Post,* Dec 2, 1996, p A3.

IV. 학위논문

[예19] 미공간 학위논문

■ 후주목록 형식

연구자명은 연속간행물의 경우와 동일

학위를 수여한 대학교명을 기재

식별이 필요한 경우 소재지명을 기재

*) 연구자. 논문명: 부제. 학위명, 수여대학교명, 소재지, 수여일자.

학위명은 '석사학위논문, 박사학위논문'으로 기재

수여일자는 서기 연도만을 기재

학위논문의 제목을 기재

76) 윤영현. 벤조디아제핀 수용체의 영상화를 위한 ^{18}F표지플루마제닐 유도체 자동화 합성 시스템의 최적화. 박사학위논문, 계명대학교, 대구, 2002.

77) 이준만. 정온하에서 2성분계 기액평형치의 추산에 관한 연구. 석사학위논문, 계명대학교, 대구, 2004.

78) Fischetti, W. Palladium-catalyzed syntheses of polyenes. M.S. Thesis, University of Delaware, Newark, DE, Dec 1982.

79) Cotruvo, J. Kinetic Model for Chlorophyll Degradation. Ph.D. Thesis, Massachusetts Institute of Technology, Cambridge, MA, June 1996.

간략기재

■ 후주목록 형식(간략기재)

*) 연구자. 학위명, 수여대학교명, 수여일자.

76) 윤영현. 박사학위논문, 계명대학교, 대구, 2002.

77) 이준만. 석사학위논문, 계명대학교, 대구, 2004.

78) Fischetti, W. M.S. Thesis, University of Delaware, Newark, DE, Dec 1982.

79) Cotruvo, J. Ph.D. Thesis, Massachusetts Institute of Technology, Cambridge, MA, June 1996.

*학위논문의 연구자명은 단행본의 저자명 기재형식, 논문명은 연속간행물의 논문명 기재형식에 준하고, 학위명, 수여기관명, 수여기관의 소재도시명, 수여년도를 기재한다.
*학위논문의 약식기재는 논문명을 제외한 '연구자명. 학위명, 수여기관명, 소재도시명, 수여년도'의 형식으로 기재한다.

V. 초록지(Chemical Abstracts)

[예20] 초록지 자료

■ 후주목록 형식

연구자명은 연속간행물과 동일

논문명을 자료에 나타난 대로 기재

수록된 간행물명을 이탤릭체로 기재

*) 연구자 1; 연구자 2; … 연구자 10; 등. 논문명: 부제. *연속간행물명* 발행년, *권* (호/월), 수록면수; *초록지명* 발행년, *권*, 수록면수.

논문의 수록면수를 기재

초록지의 발행년, 권표시는 연속간행물의 경우와 동일

초록지명을 이탤릭체로 기재

발행년, 권호, 수록면수는 연속간행물의 경우와 동일

80) 최경락; 소광영; 이상. 기술 Document System. *한국경영학회/대한산업공학회 '93춘계공동학술대회 발표논문 및 초록집* **1993**, 310-318.

81) 박재성; 박선호. 세포내 calcium농도가 하이브리드마세포성장 및 단일클로론항체 생산에 미치는 영향. *학생학술연수논문초록집, 1997-1999* (계명대학교 대학원) **2002**, 409-410.

82) Ohta, G. Constituents of Rice Bran Oil. III. Structure of Oryzanol-C. *Chem. Pharm. Bull.* **1960**, *8*, 5-9; *Chem. Abstr.* **1961**, *55*, 5570.

83) Tamura, T.; Sakaedmani, N.; Matsumoto, T. Isolation of Dilydrositosterol Ferulate from Corngerm Oil. *Nippon Kagaku Zasshi* **1958,** *79*, 1011-1014; *Chem. Abstr.* **1960***, 54*, 24857m.

연속간행물명의 약어표

ACS 연속간행물명	CASSI 약어
Accounts of Chemiscal Research	Acc. Chem. Res.
Advance ACS Abstracts	Adv. ACS Abstr.
Analytical Chemistry	Anal. Chem.
Biochemistry	Biochemistry
Bioconjugate Chemistry	Bioconjugate Chem.
Biotechnology Progress	Biotechnol. Prog.
Chemical & Engineering News	Chem. Eng. News.
Chemical Health & Safety	Chem. Health Saf.
Chemical Research in Toxicology	Chem. Res. Toxicol.
Chemical Reviews	Chem. Rev.
Chemistry of Materials	Chem. Mater.
CHEMTECH	CHEMTECH
Energy & Fuels	Energy Fuels
Environmental Science & Technology	Environ. Sci. Technol.
Industrial & Engineering Chemistry Research	Ind. Eng. Chem. Res.
Inorganic Chemistry	Inorg. Chem.
Journalo of Agricultural and Food Chemistry	J. Agric. Food Chem.
Journal of the American Chemical Society	J. Am. Chem. Soc.
Journal of Chemical and Engineering Data	J. Chem. Eng. Data.
Journal of Chemical Information and Computer Sciences	J. Chem. Inf. Comput. Sci.
Journal of Medicinal Chemistry	J. Med. Chem.
Journal of Nutral Products	J. Nat. Prod.
The Journal of Organic Chemistry	J. Org. Chem.
Journal of Pharmaceutical Sciences	J. Pharm. Sci.
Journal of Physical and Chemical Reference Data	J. Phys. Chem. Ref. Data
The Journal of Physical Chemistry A	J. Phys. Chem. A
The Journal of Physical Chemistry B	J. Phys. Chem. B
Langmuir	Langmuir
Macromolecules	Macromolecules
Organic Process Research & Development	Org. Process Res. Dev.
Organometallics	Organometallics
Today's Chemist at Work	Today's Chemist at Work

*연속간행물명에 대한 CASSI의 약어는 *CASSI*나 *The ACS Style Guide: A Manual for Authors and Editors,* 2nd ed.; Dodd, J. S., Ed.; American Chemical Society: Washington, DC, 1997; pp 215-229의 List를 참조해야 한다.

VI. 보고서

[예21] 학술회의 보고서자료

■ 후주목록 형식

'보고자료명: 부제'의 형식으로 바른체로 기재
연구자명은 연속간행물의 경우와 동일한 방법으로 기재
보고자료의 수록 모음집명을 이탤릭체로 기재
정식회의명을 기재

*) 연구자 1; 연구자 2; … 10; 등. 보고자료명: 부제. *모음집명*, 회의명, 개최지명, 회의일자; 편자명 1, … 2, 등, 편; 발행처: 발행지, 발행년; 권호, 면수.

모음집의 편자를 기재
난행본과 동일
회의 기간을 연월일로 기재
모음집의 발행사항을 기재
회의 개최지명을 관용명으로 기재

*) Author 1; Author 2; ··· Author 10; etc. Title of Presentation. In *Title of the Collected Work*, Proceedings of the Name of the Meeting, Location of Meeting, Date of Meeting; Editor 1, Editor 2, etc., Eds.; Publisher: Place of Publication, Year; Abstract Number, pagination.

84) 박용덕, 정지웅, 공편. *계획실천 평가 보고서*, 한국농민교육협의회 제3차 세미나, 수원 말씀의 집, 1977년 6월 25일-28일; 한국농민교육협의회: 서울, 1977.

85) 유정렬; 김선진. 우리나라 학술연구의 문제점과 개선방향. *대학원활성화를 위한 산학협동방안의 모색*, 제33차 전국대학원장협의회 심포지움, 대전 유성관광호텔, 2001년 4월 13일-14일; 전국대학원장협의회: 대전, 2001; pp 19-24.

86) 최재본; 진경선; 이병휘. 과실류 당도측정기 성능평가방법 연구, 2001.1-2001.12; *연구보고* (산업자원부 기술표준원); 2001년 연구실적 Vol.

51; 행정간행물 등록번호 11-1410119-000007-10; 동 표준원: 서울, 2002; pp 300-311.

87) Kavian, M.; McLenaghan, R. G.; Gedes, K. O. MapleTensor: A New System for Performing Indicial and Component Tensor Calculations by Computer. *The Seventh Marcel Grossmann Meeting*, Proceedings of the Meeting, Stanford University, July 24-30, 1994; Jantzen, R. T., Keiser, G. M., Eds; World Scientific: Singapore, 1996; pp 418-419.

88) Prasad, A.; Jackson, P. *Abstracts of Papers, Part 2,* 212th National Meeting of the American Chemical Society, Orlando, FL, Aug. 25-29, 1996; American Chemical Society: Washington, DC, 1996; PMSE 189.

[예22] 학술대회 발표자료 (발행사가 없는 경우)

■ **후주목록 형식**

*) 연구자 1; 연구자 2; … 연구자 10; 등. 발표자료명. 회의자료명, 개최지명, 회의일자; 수록면수.

89) 보건복지부. 보건의료기관 경영 정상화를 위한 수가정책위원회 제5차 회의자료, 서울, 2000.

90) Castor, M. E.; Russell, D. H. Presented at the 32nd Annual Conference on Mass Spectrometry and Allied Topics, San Antonio, TX, 1984.

91) Ford, W. T. Presented at the 189th National Meeting of the American Chemical Society, Miami, FL, April 1985; Paper ORGN 79.

92) Killday, D. B.; Tempesta, M. S.; Bailey, M. E. Isolation and Characterization of Heme Pigments form Cured Meat. Presented at the 20th Midwest Regional Meeting of the American Chemical Society, Carbondale, IL, 1985.

[예23] 기술보고서

■ 후주목록 형식

보고자명을 도서자료와 같은 방법으로 기재
보고서명은 이탤릭체로 기재

*) 저자명 1; 저자명 2; …저자명 10; 등. *보고서명*; 보고서번호; 발행기관: 발행지, 발행년도; 수록면수.

보고서번호를 기재

93) 임대현; 원동규; 서진이; 유선희. *컨조인트 분석을 통한 가정용 정수기 수요분석;* BF044; 한국과학기술정보연구원: 서울, 2004; 30.

94) Schneider, A. B. *Expert Systems in Analytical Chemistry;* Technical Report No. 1234-56; ABC Co.: New York, 1985.

95) Beurskens, P. T.; Bossman, W. P.; Doesburg, H. M.; Gould, R. O.; van der Hark, Th. E. M.; Prick, P. A., Jr. *DIRDIF: Direct Methods for Difference Structures*; Technical Report 1980/1; Crystallographic Laboratory: Toernooiveld, The Netherlands, 1980.

96) Johnson, C. K. *ORTEP;* Report ORNL-3794; Oak Ridge National Laboratory: Oak Ridge, TN, 1965.

CASSI에 의한 간략기재

93) 임대현; 원동규; 서진이; 유선희. *한국과학기술정보연구원* **2004**; 30, *BF044*.

94) Schneider, A. B. *ABC Co.* **1985,** *Tech. Rep. No. 1234-56.*

95) Beurskens, P. T.; Bossman, W. P.; Doesburg, H. M.; Gould, R. O.; van der Hark, Th. E. M.; Prick, P. A. Jr. *Crystallographic Lab.* **1980,** *Tech. Rep. 1980/1***.**

96) Johnson, C. K. *Oak Ridge Natl. Lab., [Rep.] ORNL (U.S.)* **1978**, *ORNL-5348.*

VII. 특수자료

[예24] 특허자료

■ 후주목록 형식

특허권자명의 기재는 연속간행물과 동일

특허청이 제공한 특허번호를 기재

*) 특허권자 1; …; 특허권자 10; 등. 특허자료명. 특허번호, 등록일자.

특허를 요구한 자료명

등록 연월일을 기재

97) 이천수. 재현성을 갖는 마이크로캡슐의 제조방법. 특허출원 제97-37124, 1997.

98) Bernson, S. W. Conversion of Methane. U.S. Patent 4,199,533, April 22, 1980.

99) Fritzberg, A. R. Metal Radionuclide Labelled Proteins for Giagnosis and Therapy. Fur. Pat. Appl. 188256, Jan 13, 1986.

[예25] 컴퓨터 프로그램

100) 블루엣 인터내셔널. *블루엣*, 버전 1.5; 블루엣 인터내셔널: 부산, 2000.

101) Bikley, J. S. *GAUSSIAN82;* Department of Chemistry, Camegie Mellon University: Pittsburgh, PA, 1982.

102) Motherwell, W. D. S.; Clegg, W. *PLUTO: Program for plotting Molecular and Crystal Structures;* Cambridge University Press: Cambridge, England, 1978.

[예26] CD-ROM

■ **후주목록 형식**(CD-ROM: 연속간행물)

도서자료와 동일 / 연속간행물과 동일 / 자료의 형태적인 특징을 [ ]로 표시

*) 저자명 1; …; 저자명 10; 등. 논문명. *연속간행물명* [CD-ROM] 연도, *권*, 수록면수.

논문명 기재형식과 동일 / 연도, 권, 수록면수는 연속간행물과 동일

103) Fleming, S. A.; Jensen, A. W. Substituent Effects on the Photocleavage of Benzyl-Sulfur Bonds. Observation of the "Meta" Effect. *J. Org. Chem.* [CD-ROM] **1996**, *61*, 7044.

■ **단행본 후주목록 형식**(CD-ROM: 단행본)

도서자료와 동일 / 도서명을 이탤릭체로 기재 / 형태를 [ ]로 기재

*) 저자명 1; …; 저자명 10; 등. 장의 제목. *도서명* [CD-ROM]; 편저자 1, …; 편저자 10, 등; 발행기관: 발행지, 연도; 권수.

도서자료와 동일 / 도서자료와 동일 / 도서자료와 동일

104) 장진홍. *종교와 과학: <왜>와 <어떻게>의 존재론* [CD-ROM]; 아카넷티비: 서울, 2002.

105) *종합법률정보*, Ver. 5.2 [CD-ROM]; 법원도서관: 서울, 1997.

106) *ACS Directories on Disc,* Version 3.0 [CD-ROM]; American Chemical Society: Washington, DC, 1996.

107) *Index Chemicus* [CD-ROM]; Institute for Scientific Information: Philadelphia, PA, 1996.

108) *The Merck Index*, 12th ed. [CD-ROM]; Chapman & Hall: New York, 1996.

■ **후주목록 형식**(CD-ROM: 보고서)

> *) 저자명 1; 저자명 2; … 저자명 10; 등. 보고서명. *회의자료명* [CD-ROM]; 발행기관: 발행지, 연도; 권수.

109) Maslen, P.; Faeder, J.; Parson, R. Electronic Structure of Solvated Molecular Anions. *1st Electronic Computational Chemistry Conference* [CD-ROM]; ARInternet Corp.: Landover, MD, 1995; Paper 26.

[예27] 인터넷자료

■ **후주목록 형식**

> 저자가 있는 경우 — 사이트명은 바른 활자체로 기재 — 접속을 위한 인터넷 주소를 정확히 기재
>
> *) 저자명 1; …; 저자명 10; 등. 사이트명. URI (접속일자), 기타정보.
>
> 자료의 접속일자(인용일자)를 기재 — 필요한 정보 기재

110) Geobank[한국지리정보연구회]. http://Geobank.or.kr (2004년 11월 29일 검색).

111) 야후!코리아. http://kr.dic.yahoo.com (2005년 6월 2일 검색).

112) 계명대학교 Home Page. http://kmu.ac.kr (2005년 10월 20일 검색).

113) ACSWeb. http://www.acs.org (accessed Nov. 1996).

114) Library of Congress Home Page. http://lcweb.loc.gov (accessed Sept. 2005).

115) U.S. Geological Survey, Federal Geographic Data Committee, National Geospatial Data Clearing house. http://fgdc.er.usgs.gov (accessed May 2005).

116) The Combined Chemical Dictionary database, web version 2004(1); CRC Press: Boca Raton, FL (accessed July 16, 2004).

[예28] 전자잡지

■ 후주목록 형식

연속간행물과 동일　　연속간행물과 동일　　형태를 [ ]로 기재

*) 저자명 1; 저자명 2; … 저자명 10; 등. 논문명. *연속간행물명* [Online] 연도, *권*, 수록면수.

연도, 권, 수록면수는 연속간행물과 동일한 방법으로 기재

117) 박준식. 인터넷 환경과 대학참고사서의 새로운 역할모델. *한국도서관·정보학회* [Online] **2003**, *34* (1), 379-397. http://jspark.kmu.ac.kr/ (2005년 6월 18일 검색).

118) 신구; 유대항. 포르피린-EDTA 및 포르피린-DTPA의 합성. *대한화학회지* [Online] **1999**, *43* (6), 611-613.

= 118) Shin, K.; Yeu, D.-H. Facile Synthesis of Porphyrin-EDTA Conjugate and Porphyrin-DTPA Conjugate. *J. Korean Chem. Soc.* [Online] **2005**, *43* (6), 611-613.

119) Craw, J. S.; Hinchliffe, A. *Electron. J. Theor. Chem.* [Online] **1995**, *1*, 8-10.

120) Tunon, I.; Martins-Costa, M. T. C.; Millot, C.; Ruiz-Lopez, M. F. *J. Mol. Model.* [Online] **1995**, *1*, 196-201.

VIII. ACS의 사용 실례

다음은 실제 내용과는 관계없이, ACS Style를 설명하기 위해 조작을 가한 예임을 밝혀둔다. 본문에 나타낸 주표시는 ( )로 표시하는 방법, 저자명과 발행년을 표시하는 방법, 위첨자 방법을 모두 함께 제시하였다. 이용자는 이 방법 중 하나의 방법으로 기재하여야 한다. 아래 주에 하선(underline)을 한 것은 표시를 강조하기 위한 것으로 실제 논문에서는 하선을 사용하면 안된다.

본 문

운동시 심박수의 변화는 생리적 반응의 기본적인 분석지표로 이용되는데, 고온에서의 운동시에는 체온조절기전을 통한 발한에 의해서 혈장량이 감소되어 심장의 1회박출량 및 정맥회귀량이 저하된다(*1,2*)(국민생활체육협의회, 2000; 김철수, 1993).[1,2] 따라서 이러한 순환기능의 저하를 보상하기 위한 관점에서 상온에 비해서 현저히 높은 심박수의 증가현상을 나타낸다(*3*)(김휴완 등, 2001).[3] 또한, 고온에서의 운동시에는 동일한 운동강도를 기준으로 상온에 비해서 에너지소비량 및 산소섭취량이 증가되며, 근육내 글리코겐 이용이 활성화되면서 혈중 젖산농도가 보다 높게 증가(*4,6,7*)(이민수, 1993; Mack and Nadel, 1996; Pandolf et al., 1988)[4,6,7]하는 것으로 보고된 바 있다.

본 연구에서는 운동중 심박수 및 혈중 젖산농도의 증가양상이 고온 및 상온간에 유의한 차이를 나타내지 않으므로서 선행연구(*2,4,5*)(김철수, 1993; Mack and Nadel, 1996; LeBlanc et al., 1975)[2,4,5]와 일치하지 않는 결과를 나타냈다. 이와 같은 현상은 본 연구에서 적용된 운동강도가 최대산소섭취량을 기준으로 한 60%에 해당하는 강도로서 적정강도의 범위(*6*)(Mack and Nadel, 1996)[6]에 해당하기 때문에 심각하게 고려할 만한 부정적인 영향은 미치지 않는 것으로 간주된다. 그러나, 심박수의 변화에서

기온차에 따른 통계적 유의성은 나타나지 않았으나, 두 그룹 모두 전반적으로 고온환경에서 운동중 높은 심박수를 나타내므로서 체액량 및 혈액량의 감소현상이 영향을 미칠 가능성(*1,3-5,7*)(국민생활체육협의회, 2000; 김휴완 등, 2001; 이민수, 1993; LeBlanc et al., 1975; Pandolf et al., 1988)[1,3-5,7]은 확인될 수 있었다. 특히, 회복기에는 고온환경에서 뚜렷하게 높은 심박수를 나타내므로서, 회복양상의 둔화현상에 관해서도 관심을 가질 필요성은 있는 것으로 생각된다. 이러한 증가양상이 비만인과 정상인의 그룹간에는 거의 동일한(*5-6,8*)(LeBlanc et al., 1975; Mack and Nadel, 1996; Wilmore and Costill, 1999)[5-6,8] 양상을 나타내므로서, 비만인이 고온환경에서 심장기능의 부담이 크게 작용할 가능성은 희박한 것으로 생각된다.

참 고 문 헌

1) 국민생활체육협의회. *국민건강 지침서;* 대한문화사: 서울, 2000; pp 95 98.

2) 김철수. 고온환경에서의 운동시 체온조절에 관한 생리적 반응. *한국체육학회지* **1993**, *33* (2), 18-28.

3) 김휴완; 김길호; 김문수. 효과적인 운동프로그램을 위한 적정강도. *운동과학* **2001,** *20* (3), 27-29.

4) 이민수. 고온 및 저온환경이 순환기능 발휘과정에 미치는 영향. *한국생활환경학회지* **1993**, *3* (1), 11-15.

5) LeBlanc, D. S.; Cote, J.; Girard, B. Autonomic Nervous System and Adaptation to Cold in Man. *J. Appl. Physiol.* **1975**, *39* (2), 181-186.

6) Mack, G. W.; Nadel, E. R. Body Fluid Balance during Heat Stress in Humans. In *Environmental Physiology;* Fregly, M. J., Blatteis, C. M., Eds.; Oxford University Press: New York, 1996; pp 187-92.

7) Pandolf, K. B.; Cadarette, B. S.; Sawka, M. N.; Young, A. J.; Francesconi, R. P.; Gonzalez, R. R. Thermoregulatory Responses of Middle-aged and Young Men during Dry-heat Acclimation. *Journal Appl. Physiol.* **1988**, *65* (1), 65-71.

8) Wilmore, J. H.; Costill, D. L. *Physiology of Sport and Exercise,* 2nd ed.; Human Kinetics: IL., 1999; pp 155, 301.

참고문헌 (간략기재)

1) 국민생활체육협의회. *국민건강 지침서;* 대한문화사: 서울, 2000; pp 95-98.

2) 김철수. *한국체육학회지* **1993**, *33* (2), 18-23.

3) 김휴완; 김길호; 김문수. *운동과학* **2001,** *20* (3), 27-29.

4) 이민수. *한국생활환경학회지* **1993**, *3* (1), 11-15.

5) LeBlanc, D. S.; Cote, J.; Girard, B. *J. Appl. Physiol.* **1975**, *39* (2), 181-186.

6) Mack, G. W.; Nadel, E. R. Body Fluid Balance during Heat Stress in Humans. In *Environmental Physiology;* Fregly, M. J., Blatteis, C. M., Eds.; Oxford University Press: New York, 1996; pp 187-92.

7) Pandolf, K. B.; Cadarette, B. S.; Sawka, M. N.; Young, A. J.; Francesconi, R. P.; Gonzalez, R. R. *Journal Appl. Physiol.* **1988**, *65* (1), 65-71.

8) Wilmore, J. H.; Costill, D. L. *Physiology of Sport and Exercise,* 2nd ed.; Human Kinetics: IL., 1999; pp 155, 301.

찾아보기

A–Z